城市步調中的心靈取向

胡少鳴水彩畫冊　　文字：胡燕青

野興 城市步調中的心靈取向

Love for Nature

水彩：胡少鳴 Wu, Shiu-ming

文字：胡燕青 Wu, Yin-ching

執行編輯：李慧儀

裝幀設計：郭曉勤

出版／發行：

基道出版社 LOGOS PUBLISHERS LTD.

香港沙田火炭坳背灣街26號富騰工業中心1011室

Unit 1011, Fo Tan Ind. Centre, 26 Au Pui Wan St., Shatin, Hong Kong

電話：(852) 2687-0331　傳真：(852) 2687-0281

網址：http://www.logos.com.hk

澳洲總代理：

基道書樓 LOGOS BOOK HOUSE

4 Tooronga Terrace, Beverly Hills 2209, N.S.W., Australia

電話：(612) 9554-3631

承印：彩圖柯式印刷有限公司

9/2001初版

Cat. No. LP821

ISBN 962-457-195-3

Printed in Hong Kong

信馬悠悠野興長——代序

我有這樣的心願很久了——我要為家父出版他的個人畫冊。

在我眼中，父親在繪畫和書法方面都是很有天分的。他生性幽默、愛交朋友，對視覺藝術很有心得。可惜他並沒有太多機會學畫、作畫，發表的機會更少。他童年未過，就經歷戰火；祖父雖然有點錢，但抗戰八年，保命為要，幼年的父親畢竟錯過了接受栽培的機會。到了五十年代，他終於如願得以在大專修讀美術，但當時政治運動頻仍，他接受訓練的機會減半。這時期，父親最大的福氣是認識了同樣是美術系學生的家母。到了六十年代，父親為了我的前途，把我帶到香港來，從此不但與母親相思兩地，更不得不為家計到處奔走。那段日子，父親做過建築工人、售貨員和小販——就是沒畫過畫。

到了九十年代，父親終能卸下家庭的擔子，成為「退休」人士了。但是，他並沒有真正地「退」、真正地「休」。在母親的鼓勵下，他重新拿起畫筆，開始了他的水彩時代。同時，他的行草愈見成熟，教我羨慕不已。父親的好友大部分都是成了名的畫家、雕塑家了，他們也不停鼓勵他，使他在七十高齡依然能夠奮勇上路，不斷寫字、作畫，且一直努力改進自己的技巧。今年復活節（是復活節啊，真有意思！）他在香港浸會大學校園舉行個人水彩展，大獲好評，他的同學親友，從四面八方到來支持他；大學裏的教職員，也衷心祝賀稱許他，使他感到很快樂。我從來沒看見過父親這樣滿足的笑容。必須一提的是，母親為了這次畫展，比誰都盡心盡力，沒有母親的大力推動和鼓勵，父親根本不會再畫畫，更遑論開畫展、出畫冊了。也許你不知道，這本畫冊中許多作品充滿詩意的題目，都是母親架著老花眼鏡從唐詩宋詞中找出來的。

我和父親一樣，不懂得對親人表達感情。為他籌辦畫展是第一次。但是，我覺得畫展不過一個開始，完成為他出版畫冊的工作，這個活動才能算是圓滿結束。我很感激基道出版社給我這個機會，為了我的心願，大家辛苦了。

為了配合父親的畫意，我從畫作取得靈感，加上了一些短短的散文。難得爸爸媽媽喜歡，我就把它們都放進去，作為陪襯。父女一同出版一本書，我感到很幸福。我希望讀者跟我一樣，和他們最親愛的人一同閱讀這本小小的畫冊。我們雖然不是最好的畫家和文字工作者，但我們都是真誠的。

胡燕青

二〇〇一年七月

胡少鳴簡介

三十年代生於廣州，廣東中山人，自幼酷愛繪畫。一九五三年畢業於華南人民文學藝術學院，主修美術。畢業後曾任廣東省工藝品出口公司美術設計，廣東省對外貿易局美術編輯等職，並曾於廣東省財金貿、農業等大型展覽會任設計師。一九六二年移居香港，為生活奔波，棄筆達三十年之久。退休後重拾畫筆，以書畫自娛，創作以水彩為主。二〇〇一年於香港浸會大學舉行個人水彩畫展覽，甚獲好評。

胡燕青簡介

五十年代生於廣州，廣東中山人，八歲來港定居及接受教育。畢業於伊利沙伯中學，後獲香港大學哲學碩士，主修中文。現職浸會大學語文中心助理教授。著有詩集、散文集、紀實文學及少年兒童文學作品共二十餘種；詩集《我把禱告留在窗台上》獲一九九八年湯清文藝獎，詩集《地車裏》獲一九九九年中文文學雙年獎，少年小說《一米四八》獲一九九八年湯清文藝獎之卓越成就獎及一九九九年中文文學雙年獎。

目錄

華容碧影生晚寒

夜是一幅黑色的大布，一揚一收，就把美麗的色彩都吞滅淨盡：早露的亮光，葉芽的青綠，樹影的斑駁，小瓣的微紅……都自眼前消失了，只剩下蟲吟瑣細，水滴隱約。我們只能聆聽、觸摸和等待。在伸手不見五指的龐大黑暗中，我們還會相信萬物都是有顏色的嗎？

在眼睛無能為力的時候，只有相信的人，才能看見。

煙雨江城

我們的心，可以是一座不斷擴張的喧嘩大城。驕猛的光箭，枝枝戳入鞋履之間微小的空隙；通明的燈火，點點撐擋疲勞之時休息的召喚。漸衰的女人塗塗抹抹，拚命把年齡往下扯；虛弱的男人衝鋒陷陣，拚命把薪酬往上拉……

我們的心，也可以是一座隱姓埋名的江南小鎮。閏物的好雨，點滴追隨葉縫之間卑微的小草；星月的柔光，虛和探索小河流域疏落的人家。漸長的孩子跑跑跳跳，信手把童年往後拋，滿足的老人回頭一笑，輕輕把過去牽回來。

秋韻

秋韻

人人都知道秋天是收割的季節，所以對秋有所期待。但是，很少人曉得要收取的是甚麼，因為早忘了自己在暮春的細雨中撒下了甚麼樣的種子。

也許，秋天的金黃，秋天的清澈，秋天的爽淨只是一首歌炫麗的伴奏，而歌詞呢，要你自己去構思、去填上，然後字正腔圓地唱出來。

秋天確是收割的季節，收得甚麼、由誰收取，或會讓我們懊惱一陣子；但這一切，都無損秋天的澄明和豐美。

沙平水息聲影絕

波平如鏡，照得見匆匆飛過的蝴蝶，也盛得住慢慢移動的陽光。高樹的根柢無聲吸啜泥層的養分，天空的陰晴暗暗調整湖面的顏色。寧靜如水，可以咀嚼氣候的變化；安穩如地，可以支撐成長的重心。此中花開花落、自有秩序，春去秋來、自成景觀。被注視或被忽略，一概無損生命的尊嚴。

迴影楚天碧

真正萬里無雲的天空是無法逼視的。在照片裏看，在電影中看，晴朗的天空都無匹地美麗，那種純粹而寬大的藍光，使任何被照耀、被托起的景物都變得特別耀目。藍天下的雪嶺分外明亮，藍天下的草原分外自由，藍天下的大海分外開闊。但是，沒有人能夠單單憑著眼睛直接理解天空。人太渺小，也太黑暗，無法面對天空莊嚴而偉大的注視。但是，天空是友善的。我們的內疚和慚愧、嚮往與追求，天空用最柔和的倒影來回答。水光瀲灩，只要我們肯低頭，天空就來到地上——以水的溫柔。

我欲停車

停車坐愛楓林晚
霜葉紅於二月花
——杜牧

霜葉的紅，不同於春花的紅。春天的花都是趕著最親和的氣候誕生的，每一朵都撒著嬌，要求你的眼睛全神貫注；每一瓣都盡量伸長，要成為你讚美的核心。經霜的楓葉，卻在一切都開始凋謝的時刻才顯得特別驚眼。從深秋的寒冷熬過來的每一片葉子，都蘊涵著深沉的紅色，表達出最澎湃也最沉默的堅持之美。

賞花，要一朵一朵地看；賞楓，卻要一整個樹林欣賞。春花誘發的是憐惜，霜葉喚醒的是敬畏。當秋颸在楓林的葉縫中低嘯而過，紅浪悠悠，那路過的詩人難道還可以自持嗎？

楓林霜葉

剩水殘山無態度

從美學角度看，沙漠的枯黃不亞於海洋的深青，暮秋的蕭條不亞於早春的明媚。即使是最不利於人的環境，也可以無匹地美麗，因為大自然的美麗是造物者自己的榮耀——而這榮耀，獨立於我們的好惡，也無視我們的忽略與珍惜。

水碧沙明兩岸苔

對參天的高樹來說，水太虛柔，沙太微小，苔蘚太卑賤。樹有高冠承接最鼎盛的陽光，樹有枝條奏響最繁富的鳥鳴，樹有千花萬葉爭取最重要的注視。樹是美麗的。但風暴蓄勢折彎的是樹，鋸齒矢志推倒的也是樹。日換星移，野色多變；剩下來的，最後就只有苔蘚，只有沙粒，只有虛柔的溪水在樹根周圍慢慢地流。

念天地之悠悠

真正成熟的人，必定有過深刻的獨處經驗。當日他走過的，不但是空間的曠野，也是時間的曠野、心靈的曠野。在那裏，他看不見地平線，只憑信心辨認自己的方位。他用意志拒絕任何形式的伴侶，甚至嚴厲地拒絕了自己。前不見古人，沒有任何可供參考的足印；後不見來者，沒有任何伸手即及的認同。獨愴然而涕下。孤獨而悲傷，他用淚水洗淨前路的迷塵，一力承擔活著的感覺。

這樣的人只有一個，而我認識他。

守望者

守望的目的是相助。相助的根基是守望。我們大都樂意彼此扶助，卻少有守望的耐性，最後總是錯過了相助的機會。我們都想做英雄。但真正的守望者等待的，絕不是可以乘勢做英雄的混亂時機；而是根本不需要英雄的平寧世代。

偷得浮生

不知甚麼時候開始，我們認為休息是罪惡，是盜竊時間，是浪費人生。半天閒暇，只能「偷」得；於是生活中再也沒有散步的愉悅，只有匆匆做Gym的狼狽；再也沒有圍爐對飲秉燭夜談的深刻，只有一面ICQ一面做功課的淺薄；再也沒有聆聽天籟的敏銳耳朵，只有胡扯瞎吹的橫飛口沫。

我們「偷」去了的，不是工作時間，是思想的視野，和心靈的空間。

移舟泊煙渚

移舟泊煙渚
日暮客愁新

——孟浩然

雖能暫時泊岸，卻仍未得到真正的安穩。小舟所靠，不過如煙似霧的一個小沙洲。黃昏愈近，就愈想家。當童年和少年的渡口漸漸遠去，中年的小鎮很快就暗下來了，晚景已然在望。但前面真的就是我們要去的地方嗎？是繫舟思索的時候了。

扎根的智慧

衣冠楚楚地走了好長的路，一定神，原來自己不過一直在流浪。我們都太忙了，忙得連站在哪兒都不大清楚。熱風一吹、冬寒一削，一切就都消失了——年歲，夢想，愛情，人格……全都沒有了，只剩下一籃子懷疑和後悔。

聖經這樣形容真正有智慧的人：「他要像一棵樹栽在溪水旁；按時候結果子，枝葉也不枯乾。」

白雲回望合

白雲回望合
青靄入看無
——王維

看雲，要隔著遠遠的距離看，要攀著高高的仰角看，要看得見雲朵後面那無窮無盡、包容一切的酒藍天。雲的美麗，是在回顧和仰望中形成的。身處雲中的一刻，我們只會感到潮溼，寒冷，方向盡失，前路漫漫。那時我們都不再相信自己正站在純潔善良的白雲中，更完全無法理解別人為何會羨慕自己。那是因為我們只看見天空懷抱中那別的雲朵，卻無法看見自己一直享有的恩典。而這，大概就是我們無法感到幸福的原因了。

29

曉看紅溼處

好雨知時節，當春乃發生。隨風潛入夜，潤物細無聲。
野徑雲俱黑，江船火獨明。曉看紅溼處，花重錦官城。
《春雨》——杜甫

雨後的花張得更大，一朵一朵閃亮如燈；雨後的樹綠得更深，一枝一枝伸張如臂。這時我們可能已經完全忘記雨夜的黑暗和雨點的擊打了。但當黑暗壓得我們快要放棄、雨水打得我們快要折斷的時候，我們不都是滿口怨言的嗎？

像穿越一條多彎的隧道，終有一天，我們會走到向光的出口。這是信念，也是視野，更是繼續走路的理由。

疑是銀河落九天

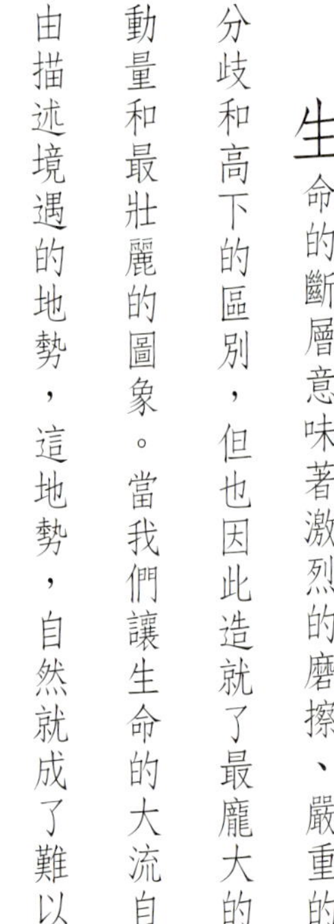

生命的斷層意味著激烈的磨擦、嚴重的分歧和高下的區別，但也因此造就了最龐大的動量和最壯麗的圖象。當我們讓生命的大流自由描述境遇的地勢，這地勢，自然就成了難以忽略的風景。

曉陰天籟是窮秋

只要看得見回家的路，寒冷的冬天就沒有甚麼可怕之處了。

門前流水尚能西

河水不回頭，而河長在

——余光中

時間的流向是固定的，我們活在時間裏，總有點隨波逐流的無奈，因為河水總有一天要流入大海。

但是，一旦跳出自己的觀點，我們就會發覺原來甚麼都沒變。這是岸上的角度，又稱為永恆。

荒漠甘泉

只有真正的沙漠經驗，才能告訴我們水是何等的珍貴。所以，當你不知不覺已經走進了沙漠的乾旱，不必難受，因為只有到了這時刻，水的清冽與溫柔才真正向你說話。年齡的沙漠讓你了解青春，關係的沙漠讓你明白愛，靈感的沙漠讓你認識創造的主。

潭面無波鏡未磨

未曾磨損的情誼都是膚淺的，身在其中，我們只看得見自己。像一面未經人手的鏡子，也像一潭未歷風雨的靜水，我們眼中的景致不過平面的影像，沒有深度，也拒絕任何親密的探索。沒吵過架的朋友是最不重要的朋友，沒緊張過的關係是最淺薄的關係。磨損受傷的一刻，我們或寧可從未相識；但是，沒有這一刻，真正的感情也就無從產生了。

風雨

風雨之夜，爐火旁邊，手上最好有一杯熱茶。如果沒有這一杯茶，遇上風雨就太淒涼了；如果沒有風雨，這一杯茶也就太乏味了。風雨，也許只是杯子裏一時動蕩起來的茶。而茶呢？茶在杯中，杯在手裏；淡淡一口，大概就是理解風雨最好的方法了。

君子之野

正直，就不會百般糾纏；高越，就不必坐井觀天。保持一點相望的距離，方能彼此欣賞；維繫三數直言的諍友，方能一生成長。

深野幽光

有沒有一種黑暗，是光無能探索、無法清除、無心理會的呢？這讓我們想到深山裏螢火蟲的小燈，深海下發光魚的鱗片，還有無垠宇宙中眾星運行欣然劃出的絢爛軌道……如果在完全不必要的地方，光依然因著自己的榮美款款臨照，那麼在已經意識到黑暗勢力的心靈中，這光，就必定更明亮了。